Landes Océanes

Ludovic Cazenave

EDITIONS GYPAÈTE

La force des éléments

Balcon sur les abysses

Me voilà face à l'océan, dans le Sud-ouest des Landes. Je foule ces dunes depuis toujours en un rendez-vous quasi quotidien. C'est l'un des rares endroits où j'aime me ressourcer ; il me permet de saisir au gré des saisons, la force des éléments, l'idée de l'infini.

Au droit de Seignosse, se cache un phénomène de topographie sous-marine indiscernable à la surface de l'océan. À 400 mètres de la côte, "le Gouf de Capbreton" entreprend sa descente vertigineuse en direction d'une plaine abyssale de plus de 3 500 mètres de profondeur. Cette vallée sous-marine, sorte de faille de 3 à 10 km de largeur et de 60 km de longueur serait vraisemblablement un canyon creusé par l'Adour au cours des grandes glaciations quaternaires.

Les pêcheurs avaient découvert ses grands fonds voilà plusieurs siècles, lors de tempêtes. Cette fosse recèle une pêche riche et constitue un havre magique de tranquillité.

Comment imaginer, là, à une centaine de mètres du rivage, l'existence dans ce monde sous-marin d'une dénivellation aussi prononcée, d'un à-pic vertigineux, véritable balcon sur les abysses.
Le Pic du Midi de Bigorre y entrerait tout entier sans que son sommet n'émerge.

Au sud, en ligne d'horizon, la Rhune culmine à 900 mètres d'altitude.
Multipliant dans ma tête sa hauteur par quatre, pour me figurer un ordre de grandeur, je n'arrive toujours pas à visualiser cet abîme gigantesque s'ouvrant au large, hors de ma vue.
Aujourd'hui, tous les sommets ont été explorés. Un mystère demeure au fond du Gouf. Une fois descendu dans le canyon de Capbreton, quelles sortes de paysages se dessinent, quelles sortes de créatures le hantent ?

À l'occasion de plongées en apnée, il m'arrive souvent, vers 4 ou 5 mètres de fond, de me retrouver face à des créatures totalement imaginaires. Selon mon état, entre peur et euphorie, soit je remonte à la surface sans demander mon reste, soit je profite encore des étoiles de mer, crabes et autres poissons, bien plus curieux que moi.
A l'opposé de ces contrées sous-marines mystérieuses, nous savons ce qu'étaient les

Landes autrefois. Imaginez un "no man's land" envahi par les sables, parsemé de marécages et battu par les vents ; un véritable désert très redouté par les pèlerins en chemin pour Saint-Jacques-de-Compostelle.

Aujourd'hui, la quiétude, la douceur de vivre et la beauté qui se dégagent de cette contrée semble bien loin de l'image historique. Le paysage landais qui s'offre à nos yeux est le fruit du développement, voulu par l'homme, de cette forêt de pins que la nature dans son intelligence, a su intégrer avec harmonie.

Maintenant, après vous avoir entraîné dans ces abîmes insondables et le souvenir des landes anciennes, il est temps pour moi de retourner photographier la force des éléments et de vous laisser découvrir, au fil de ces pages, mes Landes océanes.
Puis, comme pour moi après une longue absence loin de ces lieux, allez de ce pas, arpentez la forêt et les dunes à la rencontre de l'Océan.

Ludovic Cazenave

La fuerza de los elementos
Balcón sobre los abismos

Heme aquí cara al océano en el Suroeste de las Landas con vistas a esta cita casi cotidiana con dunas por las que nunca he dejado de trepar.

Es uno de los lugares en dónde me gusta resarcirme; me permite comprender, estación tras estación, la fuerza de los elementos, la idea del infinito.

Seignosse, en dónde hay un fenómeno de topografía submarina que no puede verse a la superficie del océano. A 400 metros de la costa, "el Gouf de Capbreton" emprende su vertiginoso descenso en dirección de una planicie abisal de más de 3500 metros de fondo. Este valle submarino, especie de falla de 3 a 10 km de ancho y de 60 km de longitud, sería verdaderamente un cañón ahuecado por el Adour a lo largo de las grandes glaciaciones cuaternarias, que los pescadores habían descubierto ya hace varios siglos durante las tempestades. Esta fosa contiene una pesca riquísima y constituye un lugar mágico de serenidad.

¿Cómo imaginar, allí, a un centenar de metros de la orilla, que hay en este mundo submarino un desnivel tan pronunciado, un acantilado vertiginoso, un balcón sobre los abismos? El Pic del Midi de Bigorre podría introducirse allí en su totalidad e incluso no se vería su cumbre. A mi izquierda, la Rhune culmina a 900 metros de altitud. Multiplicando, en mi mente, su altura por 4, para darme una idea del orden de magnitud, sigo sin conseguir visualizar este abismo gigantesco que se abre bajo mi mirada.

Hoy, las cumbres han sido exploradas, pero en el fondo del Gouf, una vez descendido el cañón de Capbreton, ¿cuáles son los tipos de paisajes que pueden verse? y ¿qué tipo de criaturas pueden hallarse allí?

Cuando me zambullo en apnea, a veces me ocurre, hacia 4 o 5 metros de profundidad, hallarme frente a criaturas totalmente imaginarias, según el estado de mi euforia, subo a la superficie sin más, o me aprovecho todavía un poco de las estrellas de mar, cangrejos y otros peces, mucho más curiosos que yo.

Sea como sea, todos estos parajes submarinos no se parecen en nada a lo que eran las Landas antes. A saber, una tierra de nadie, batida por los vientos, invadida por la arena, recubierta por los pantanos y muy temida por los peregrinos en camino hacia Santiago de Compostela.

Actualmente, la visión que puede tenerse es muy diferente, ya que la naturaleza y los hombres han sabido aliarse para aprovecharnos plenamente de esta región en dónde se vive tan bien…

Una cosa me parece segura, es que después de un largo periodo de ausencia, lo primero que hay que hacer al volver a este país, es ir sobre una duna para contemplar el océano.

Ahora, y después de haberos llevado por las Landas de antaño y por mis fondos submarinos imaginarios, llega el momento para mi de ir a fotografiar la fuerza de los elementos y daros a descubrir en estas páginas mis Landas Oceánicas.

Ludovic Cazenave

The powers of the elements

On the brink of the abyss

Here I am again facing the ocean in the south-west of the Landes for this quasi daily rendezvous with the dunes that I have been clambering over all my life.

This is one of the rare spots where I love to come and find new energy from the contact with nature; it gives me a sense of perspective, through the changing seasons, of the strength of the natural elements, a sense of infinity.

Seignosse, imperceptible at the surface of the ocean, is an underwater topographical phenomenon. 400 metres out from the coastline, the sea floor abruptly topples into a vertiginous descent to an abyssal plain over 3,500 metres deep, the "Gouf de Capbreton". This submarine valley, a sort of geological fault between 3 and 10 km across, and 60 km long is, in all probability, a canyon cut out by the river Adour during the great quaternary glaciations, that fishermen discovered several centuries back during storms. The fish life is abundant and the trough is a magical haven of tranquillity.

How could anyone possibly imagine that here, but a hundred metres out from the shore, the underwater world might reveal such a steep decline, a breath-taking cliff-face drop, a balcony overlooking the chasm.

The Pic du Midi de Bigorre would be swallowed whole without leaving so much as its peak visible.

To my left, la Rhune, culminating at an altitude of 900 metres. Even after mentally multiplying its height by 4 to gain an idea of magnitude, I still cannot manage to visualise the extent of the gigantic chasm opening in my mind's eye.

Today, the peaks have all been explored, but at the bottom of the Gouf, when you get to the floor of the Capbreton canyon, what kind of landscape might we find, what kind of creatures might we encounter?

When I snorkel dive down 4 or 5 metres deep, I often come across totally imaginary creatures. Depending on how euphoric I am feeling, I either turn back to the surface unbothered, or tarry and take my fill of the starfish, crabs and other fish, far more curious than I am.
In any case, there is no way the underwater

seascapes could resemble the Landes of the old days, a no man's land, battered by the winds, invaded by sand, covered with marshes and frightening to the pilgrims on their way to Santiago de Compostella.

Nowadays, the vision we have of the Landes is very different, and nature and man have combined forces to enable us to fully enjoy this region where life is so good to live… One thing is sure, and that is that after being away for a long time, the first thing to do on return is to climb a dune to find the ocean again.

Now that I have taken you for a tour of the

Landes as they used to be, and into my imaginary sea world, it is time for me to take some photos of the force of the natural elements and let you discover in these few pages my Oceanic Landes.

Ludovic Cazenave

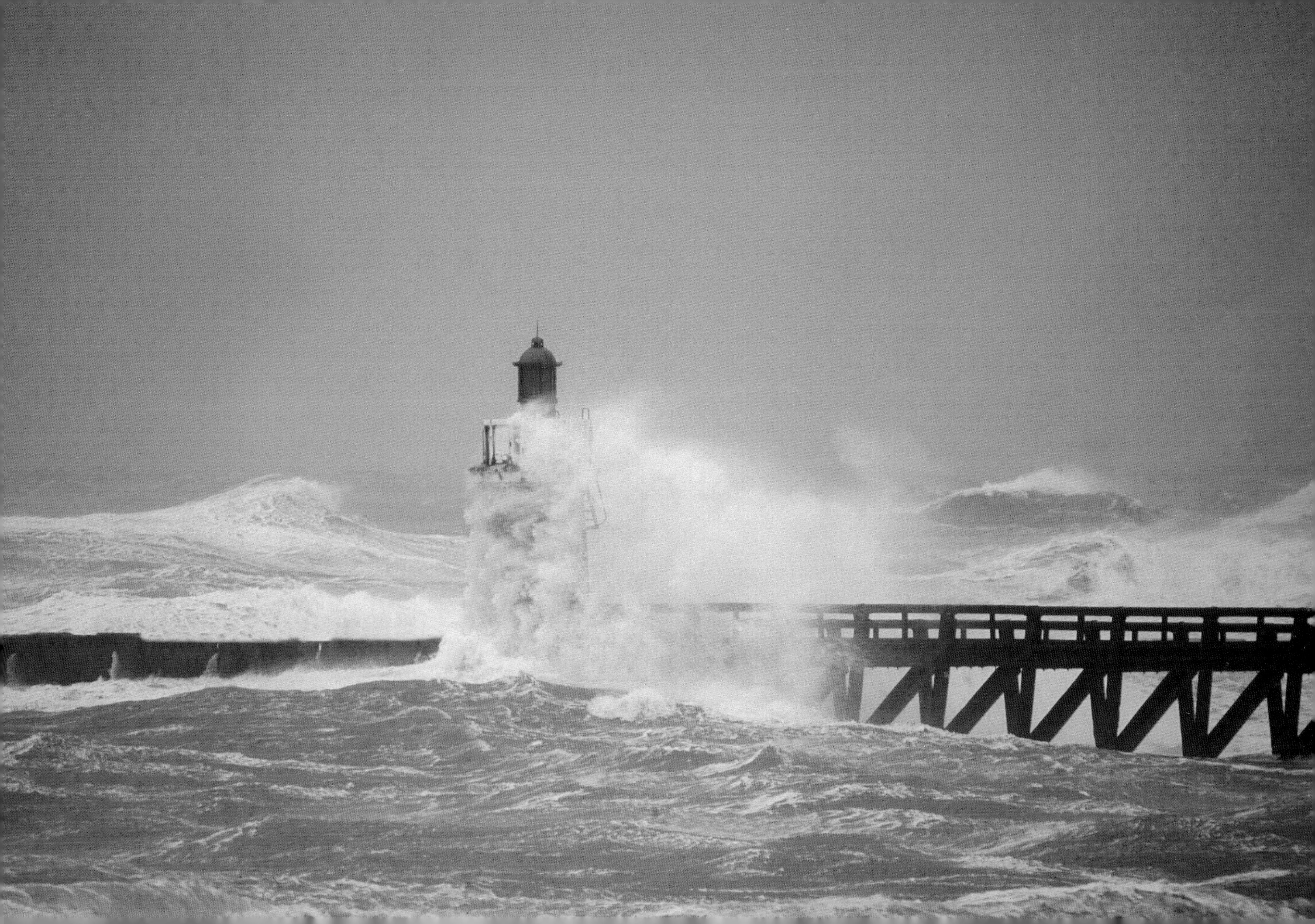

LÉGENDES

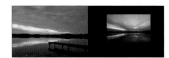

Les lumières et les couleurs disparaissent à l'ouest ; tandis que la nuit s'installe, ce ponton m'incite à me rapprocher de l'horizon, et je serais tenté de croire que je vais pouvoir toucher l'infini du doigt.
Le tableau est déjà composé, chef-d'œuvre de la nature, il me reste à capturer l'image pour l'immortaliser.

Las luces y los colores desaparecen por el oeste, mientras la noche se instala, y este puente me incita a acercarme del horizonte, casi me parece que voy a tocar el infinito con el dedo.
El cuadro ya está compuesto. Obra maestra de la naturaleza, debo tan solo capturar la imagen para inmortalizarla.

As the colours disappear with the light in the West, and night sets in, this wharf draws me closer to the horizon and I can almost believe that I could touch infinity with my outstretched finger.
The composition of the picture is all in place, a masterpiece of nature ; I have only to capture the image to immortalise it.

■

Aurore ou crépuscule, certaines heures arborent les mêmes tons pastel. La faible profondeur de l'étang blanc permet, en silence, le maniement de la gaule.

Aurora o crepúsculo, ciertas horas presentan los mismos tonos pasteles. La escasa profundidad del estanque blanco permite en silencio manejar la percha.

Dawn or dusk, there are times when the two don the same pastel tones. In the shallow waters of the Etang Blanc, the boat can be punted in silence.

■

La cabane disparaît dans le calme et la fraîcheur de la nuit printanière.

La cabaña desaparece en la tranquilidad y la frescura de la noche primaveral.

The cabin vanishes in the calm and cool of the spring night.

■

Matin et soir, suivant les nuages présents, la voûte céleste se pare de ces plus beaux atours.

Mañana y noche, según las nubes presentes, la bóveda celeste se adorna con los colores más bellos.

Morning and evening, depending on the clouds present, the canopy decks itself out in its finest robes.

■

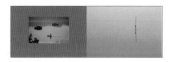

Ce n'est pas cette petite barque qui viendra perturber la quiétude de l'étang.

No debe contarse con esta barquita para perturbar la quietud del estanque.

It is not a tiny boat like this that will break the silence of the lake.

Nul besoin de passage balisé pour cette famille en balade. La forêt landaise réserve des rencontres un peu incongrues au détour d'un chemin, sur lesquelles on pose un regard attendri... ou gourmand !

No es necesario un paso balizado para este tipo de paseos. El bosque de las Landas nos sorprende con encuentros incongruentes a vuelta de camino, en las que pondremos una mirada tierna... o golosa.

No call for signposts on the path for this family out walking. The Landes forest reserves the occasional incongruous encounters along the path, that draw a tender – or greedy ! – gaze.

■

La verticale des troncs joue avec les obliques de la lumière.

La línea vertical de los troncos juega con las inclinadas de la luz.

A game of hide and seek between the vertical tree trunks and slanting light rays.

■

Ces entailles sur les troncs telles des cicatrices encore récentes appartiennent pourtant au passé. C'est la trace que l'homme a laissée lors des campagnes de gemmage tout en positionnant autant de petits pots afin de récolter la fameuse résine.

Las entallas en los troncos, como cicatrices todavía recientes, pertenecen ya al pasado. Es el signo que el hombre ha dejado de sus campañas de resinación colocando tiestos para recoger la famosa sabia.

These deep cuts in the trunks, like recent scars, nonetheless are a reminiscence of the past. They are the trace man has left from his tapping the pine trees, leaving as many little pots to catch their famous resin.

■

La bruyère a décidé de nous imprégner de couleur et la forêt s'égaye comme par miracle.

El brezo ha decidido impregnarnos de color y el bosque se alegra como milagrosamente.

The heather has decided to inundate us with colour, and the forest miraculously assumes a perky pink.

■

Juillet : la bruyère étend son épais tapis. Moelleuse, elle adoucit la chute des pommes de pin et étouffe les bruits.

Julio : el brezo extiende su espeso tapiz. Blando, suaviza la caída de piñas y ensordece los ruidos.

July : the heather spreads wide its thick carpet. Its softness dampens the fall of pine-cones, and muffles the sounds.

La maison de maître de l'écomusée de Marquèze semble se protéger des caprices de l'océan en lui tournant le dos.

The former bourgeois home that now houses the Marquèze Ecomuseum looks as if it is trying to turn its back on the ocean to protect itself.

La casa solariega del ecomuseo de Marquèze parace protegerse de los caprichos del océano dándole la espalda.

■

Sur l'airial de Marquèze on retrouve l'habitat préservé d'autrefois dans tous ses détails.

En el erial de Márquese, se encuentra el hábitat preservado de antes, con todos sus detalles.

On the Airial de Marquèze, the habitat of past times has been preserved down to the last detail.

■

Ici, sur l'étang de Hardy, c'est comme si les arcs-en-ciel apportaient la touche finale.

Aquí, en el estanque de Hardy, es como si los arcos iris pusieran el toque final.

Here on the Lake of Hardy, it's as if the rainbows had been added to provide the final touch.

■

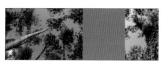

Contraste du rouge et du bleu, le lierre semble vouloir retenir ces arbres majestueux d'aller vers le ciel... Ces troncs qui s'élancent nous montrent d'autres perspectives.

Contraste de rojo y azul, la hiedra parece desear retener estos árboles majestuosos para que no se vayan hacia el cielo... Estos troncos que se lanzan nos muestran otras perspectivas.

In its contrast of red against blue, the ivy looks as if it would hold back the majestic trees, and prevent them reaching for the sky... The outstretched trunks open up other prospects.

■

Comme pour narguer la chaleur dégagée par cet imposant mur jaune, le givre a décidé de saupoudrer de froid la nature tout autour.
Le chenal nous guide dans l'image jusqu'à découvrir les aigrettes qui s'envolent.

Como para burlarse del calor disipado por esta imponente pared amarilla, la escarcha ha deseado espolvorear de frío la naturaleza alrededor.
El canal nos guía en la imagen hasta descubrir esas semillas que vuelan.

As if to tease this imposing yellow wall and the heat radiating out from it, the frost has decided to sprinkle a coat of cold over the surrounding nature.
The channel guides our eye through the picture to discover these tufted herons caught as they take flight.

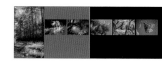

Dans la forêt, en février, le givre recouvre la nature d'un blanc immaculé éphémère.

En el bosque, en febrero, la escarcha recubre la naturaleza con un manto inmaculado efímero.

The forest in February, with frost draping nature in an ephemeral blanket of immaculate white.

■

Hiver 2002, et l'étang Noir devient blanc : magie de l'hiver! Une simple feuille recroquevillée par le froid crée une splendide nature morte.
Le temps s'est arrêté. Et cette barque isolée ne repartira pas.

Invierno 2002, y el estanque Negro se convierte en blanco : magia del invierno.
Una simple hoja plegada por el frío crea una espléndida naturaleza muerta.
El tiempo se ha detenido. Y esta barca aislada no se irá.

Winter 2002, and the Étang Noir becomes white : the magic of winter! A leaf curled over on itself by the cold is ample matter for a splendid still life.
Time at a standstill. And this isolated boat will not be leaving again.

■

Le pêcheur sur l'étang gelé reste debout sur sa barque et lui donne du roulis afin de briser la glace.

El pescador sobre el estanque helado permanece erguido en su barca, moviéndola para romper el hielo.

The fisherman on the frozen lake stands upright on his boat and rocks it gently to break the ice.

■

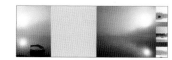

Ce sont de ces petits matins gris qui ne rappellent pas le morne quotidien mais nous plongent dans l'irréel. Pour un peu, l'apparition de la Dame du lac, de ces brumes profondes, ne nous surprendrait pas !

Se trata de estas pequeñas mañanas grises que no se semejan al triste cotidiano sino que nos conducen hacia lo irreal. Es como si la dama del lago fuese a aparecer entre las brumas profundas. No nos sorprendería.

Grey daybreaks like this are not a dismal reminder of daily life, more an escape to the unreal. Were the Lady of the Lake herself to emerge from the deep swathes of mist, we would scarcely be surprised !

Cette brindille prise dans les glaces se dresse, unique mais fière, tel un vestige de l'étang. Elle est frêle, fine et fragile mais elle s'impose victorieuse !

Esta brizna tomada en el hielo, se erige, única pero orgullosa, con un vestigio del estanque.
Débil, fina y frágil, aunque no deja de imponer su victoria.

This twig caught in the ice stretches upwards, alone but proud, like a vestige of the lake.
It is frail, fine and fragile but has come victorious through the battle!

■

La Rhune et les dunes sont au premières loges des conditions climatiques du golfe de Gascogne.

La Rhune y las dunas son las primeras en comprobar las condiciones climáticas del golfo de Gascoña.

La Rhune and the dunes are in the front seats for the climatic conditions of the Bay of Biscay.

■

Ces deux barques, seraient-elles une invitation au voyage ?
Une douce ambiance règne sur les étangs.
Une partie de pêche se prépare, peut-être ?

¿Y si estas dos barcas fuesen una invitación al viaje?
Un ambiente suave reina en los estanques. Tal vez se prepare una partida de pesca.

These two boats – a tempting invitation for a trip over the water?
A soft, gentle atmosphere reigns over the lakes. Preparations for a fishing expedition maybe?

■

Le phare de Capbreton en proie à l'océan déchaîné !

The Capbreton lighthouse under attack by theraging ocean !

¡El faro de Capbreton, presa de un océano embravecido !

■

Dès le printemps, les fougères semblent pousser à vue d'œil ; elles colorient jusqu'aux premières gelées les sous-bois d'un vert profond.

Desde la primavera, los helechos parecen verse crecer. Colorean hasta las primeras heladas los bosques con un verde profundo.

At the first signs of spring, the ferns seem to grow under the onlooker's very eye, tinting the undergrowth a deep green.

■

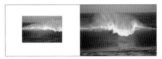

Elle est là, puissante presque assourdissante : je lui fais face. Et jusqu'à plusieurs kilomètres à l'intérieur des terres, portée par le vent, on peut entendre la mélodie des rouleaux incessants. Belle démonstration de la puissance océane.

Ahí está, potente, casi ensordecedora : me enfrento a ella y durante varios kilómetros dentro de las tierras, llevada por el viento, puede oírse la melodía incesante.
Bellísima demostración de la potencia oceánica.

There it is, powerful and all but deafening : I am facing it. And the wind carries the melody of the unceasing breakers kilometres inland. Convincing demonstration of the ocean's strength.

■

Le pollen du printemps, la sève qui coule lors des grandes chaleurs d'été, ne sont qu'une partie des parfums de la forêt landaise.

El polen de primavera, la sabia que fluye de los grandes calores de verano, no son más que una parte de los perfumes del bosque de las Landas.

The pollen of spring and the sap that flows during the great heat of summer are but a sample of the perfumes the Landes forest has to offer.

■

On n'est jamais réellement aussi seul que l'on croit face à l'océan : l'eau et le sable s'associent souvent pour créer des personnages qui nous séduisent : à vous de deviner leurs profils !

En el océano, nunca se está tan sólo como parece : el agua y la arena se asocian a menudo para crear personajes seductores : cada uno tiene que adivinar sus perfiles.

Whenever you think you are alone, it is never entirely the case alongside the ocean : water and sand often combine forces to create attractive characters : try and guess whose profiles these are !

■

En hiver, les animaux se trouvent bien désemparés devant les caprices de l'Adour.

En invierno, los animales sufren desamparados de los caprichos del Adour.

In winter, the animals are often taken aback by the caprices of the river Adour.

■

Les Landes océanes.

Las Landas Oceánicas.

The oceanic Landes.

L'océan, domaine des surfeurs. Passionnés et patients, ils attendent LA vague. Bientôt la symbiose sera totale ! Propice aux longues balades, il nous invite aussi à écouler les heures.

El océano, dominio de los surfers. Apasionados y pacientes, esperan LA ola. Muy pronto la simbiosis será total. Propicia a los largos viajes, nos invita también a pasar las horas.

The ocean, surfers' turf ! Passionate and patient, they lie in wait for THE wave. Shortly, complete symbiosis will ensue ! Conducive to long walks, it invites us to spend hours in its company.

■

Chaque jour, des sculptures éphémères jonchent ce territoire vierge.

Cada día, las efimeras esculturas cubren este territorio virgen.

Each day, ephemeral sculptures can be found all along this virgin territory.

■

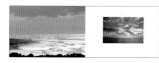

Profiter des vagues, un soir d'orage !

Aprovecharse de las olas, durante una tormenta vespertina.

Riding the waves on a stormy evening

■

Plus précise qu'un compas, la nature a décidé de concevoir son propre cadran solaire.

De mayor precisión que un compás, la naturaleza ha decidido concebir su propio reloj de sol.

More accurate than a compass, nature has decided to devise its own sun dial.

Toutes les photos de cet ouvrage excepté les images de l'Ecomusée de Marquèze ont été prises dans le Sud-Ouest des Landes. Les objectifs Canon 20-35/2,8 L ; 50 1,4 ; 100-300/5,6 L et 100-400/4,5-5,6 L ont été utilisés. Les films sont des fujichromes 50 ASA.

Je remercie Claude, Marina et Dominique des Editions Gypaète, l'Ecomusée de Marquèze et la force des éléments sans qui rien n'aurait été possible.

Ont également collaboré : Jean-françois Dutilh (Géographisme) et Anglo-File (traductions).
Cet ouvrage a été achevé d'imprimé en avril 2003 pour les Editions Gypaète sur les presses de l'imprimerie "Litographia Danona". Deuxième édition. © 2002 Editions Gypaète - Tous droits réservés.
Editions Gypaète - 32, avenue Régina 64000 Pau - France. Tél. 05 59 30 00 06 - Fax 05 59 80 00 04

www.gypaete.com

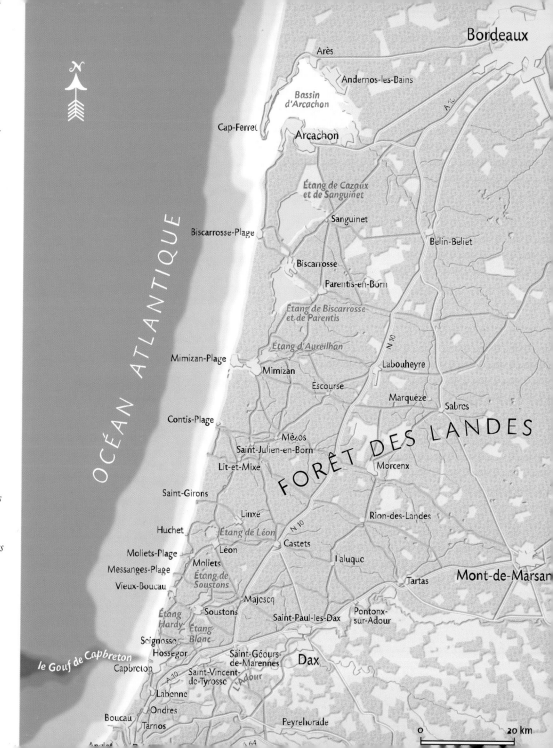